Von Advent und Weihnachten

den Kindern erzählt

von Georg Schwikart

mit Illustrationen von Yvonne Hoppe-Engbring

Butzon & Bercker

Wusstest du …

Das Wort „Weihnachten" kommt vom mittelhochdeutschen „ze wīhen nahten", das bedeutet „in den heiligen Nächten". Der Plural „Nächte" weist darauf hin, dass die Menschen in früheren Zeiten oft zwölf Weihnachtstage feierten: vom 25. Dezember bis zum Dreikönigstag am 6. Januar. Ungefähr seit dem Jahr 350 feiern die Menschen am 25. Dezember Weihnachten als Fest der Geburt Jesu. Seit einigen Jahrzehnten hat sich in Deutschland und einigen anderen Ländern jedoch der Brauch durchgesetzt, Weihnachten schon am Abend des 24. Dezember zu feiern, also am „Heiligen Abend".

Eine besondere Zeit

Weihnachten!
Das ist wie ein Zauberwort.
Es steht für lauter schöne Sachen:
für Weihnachtslieder und Weihnachtsgeschenke,
für Weihnachtsferien und Weihnachtsbaum, für
Weihnachtsmarkt und Weihnachtsplätzchen …

Wir brauchen bloß das Wort „Weihnachten" zu
sagen und schon denken wir an Schnee, an
Schlittenfahren, an Glockengeläut und Geschichten-Hören bei Kerzenschein, schon riechen wir
Tannenduft und Gewürze wie Zimt und Nelken.

Weihnachten ist so schön. Weihnachten ist ganz
anders als alle anderen Tage.

Gebet

Lieber Gott,
an Weihnachten feiern
wir Jesu Geburt. Er ist
auf die Welt gekom-
men, um den Menschen
Hoffnung zu bringen.
In vielen Teilen der Welt
herrschen Krieg, Armut
und Hunger. Hilf den
Menschen dort, dass
auch sie auf bessere
Zeiten hoffen können.
Hilf ihnen, einen Weg
zum Frieden zu finden.
Lass sie deine Liebe
spüren – an Weihnach-
ten und an jedem Tag.
Amen.

Das Fest der Wünsche

Zu Weihnachten dürfen wir uns etwas wünschen! Da müssen wir nicht lange überlegen.
Uns fällt sofort ein, was wir auf den Wunschzettel
schreiben können:
einen Gameboy und die Spielesammlung, die
Eisenbahn und eine Puppe, die sprechen kann,
Kuscheltiere und ein Handy, Roller, Fahrrad, Zelt
und Rennauto, Legosteine und Bücher …

Das Wichtigste, was wir brauchen, steht nicht auf
unseren Listen: ein Dach über dem Kopf, Essen
auf dem Teller, einen Menschen, der uns liebt.
Frieden.

 Mach mit!

Wahrscheinlich hast du auch schon deinen Wunschzettel für
Weihnachten geschrieben. Wie wäre es, wenn du einen zweiten
Wunschzettel schreibst, auf dem nur Dinge stehen, die man mit
Geld nicht kaufen kann? Vielleicht wünschst du dir, dass deine
Eltern mehr Zeit für dich haben. Oder dass deine
kranke Oma wieder gesund wird. Dir fällt
bestimmt einiges ein. An jedem Abend in
der Adventszeit kannst du ein kleines
Gebet sprechen, in dem du Gott von
einem dieser Wünsche erzählst.

Wusstest du …

Vier Sonntage vor dem 25. Dezember beginnt der Advent. „Advent" ist lateinisch und bedeutet „Ankunft": An Weihnachten kommt Jesus Christus in unsere Welt. In der Adventszeit bereiten wir uns auf dieses Fest vor. Wir überlegen, wo wir uns schlecht verhalten haben, und bitten Gott, uns zu verzeihen.
In dieser Jahreszeit sind die Tag am kürzesten und die Nächte am längsten. Wir singen Adventslieder. Sie sprechen davon, dass Gott unser Leben hell macht. Zum Zeichen dafür zünden wir Kerzen auf dem Adventskranz an. Doch das wahre Licht ist Jesus selbst; die Bibel nennt ihn „das Licht der Welt".

Das Licht einer Kerze

Wir zünden zwei Kerzen jetzt am Adventskranz an.
Und die beiden Kerzen sagen's allen dann:
Lasst uns alle hoffen hier und überall,
hoffen voll Vertrauen auf das Kind im Stall.

Es leuchten drei Kerzen so hell mit ihrem Licht.
Gott hält sein Versprechen: Er vergisst uns nicht.
Lasst uns ihm vertrauen hier und überall,
Zeichen seiner Liebe ist das Kind im Stall.

Vier Kerzen hell strahlen durch alle Dunkelheit.
Gott schenkt uns den Frieden.
Macht euch jetzt bereit.
Gott ist immer bei uns hier und überall.
Darum lasst uns loben unsern Herrn im Stall.

Text: Rolf Krenzer, Musik: Peter Janssens

Mach mit!

Nimm dir einmal Zeit, die Kerzen am Adventskranz zu betrachten. Schaue dem Flackern der Flammen eine Weile still zu und schließe dann die Augen. Stelle dir ein Licht vor und wie sich die Wärme des Lichts in deinem Körper ausbreitet: in deinen Beinen, Armen und in deinem Herzen. Stelle dir vor, wie es in dir immer heller wird. Dann sprichst du leise den Satz: „Gott ist mein Licht. Ich fürchte mich nicht." Genieße das warme Gefühl in dir. Dann öffne die Augen wieder und freue dich am Licht der Kerzen am Adventskranz.

Mach mit!

Aus Tonkarton und Weihnachtspapier mit kleinem Muster kannst du leicht Geschenkanhänger basteln.
Schneide ein Rechteck aus dem Tonkarton zu. Für runde Anhänger zeichne den Umriss einer Tasse auf den Tonkarton und schneide ihn aus.
Schneide aus dem Weihnachtspapier kleine Sterne, Tannenbäume oder Ähnliches aus und klebe sie auf den Anhänger. Stanze mit dem Locher ein Loch in den Anhänger. Falte ein Stück Geschenkband in der Mitte und stecke die Schlaufe durch das Loch. Fädele die Enden durch die Schlaufe und ziehe sie fest.

Advent – Zeit der Stille?

Advent bedeutet Ankunft.
Jesus will bei uns ankommen, in unserem Leben einen Platz haben. Vier Wochen lang bereiten wir uns vor. Am Adventskranz wird jeden Sonntag eine Kerze entzündet: Die vier Kerzen sind Zeichen des Lichts, das Jesus bringt.
Der Adventskalender hilft uns, die Tage zu zählen bis zum Heiligen Abend.

Im Advent backen wir Plätzchen, basteln Geschenke, schreiben Grüße und putzen das Haus. Wir sind sehr beschäftigt und kommen kaum zur Ruhe.
Wie schön wäre etwas freie Zeit, um bei Kerzenschein still dazusitzen, Geschichten zu lesen, Gedichte aufzusagen, Lieder zu singen, nachzudenken, was uns Weihnachten zu sagen hat.

Alles hat seine Zeit

Alles hat seine Zeit, selbst Zeiten haben ihre Zeit; wofür Erdbeeren im Winter und Ostereier im Herbst, warum Lebkuchen im August und Karneval an Sankt Martin?
Nur eines ist wirklich immer:
Advent.
Gott will bei uns ankommen.

 **Wusstest du …**

… dass Jesus nicht im Jahre 0 geboren wurde? Die Zeitrechnung „nach Christus" wurde erst Jahrhunderte später eingeführt. Dabei verrechnete man sich. Jesus kam vielleicht schon sieben Jahre „vor Christus" zur Welt.

 **Mach mit!**

An kalten Tagen schmeckt ein Kinderpunsch besonders gut. Dafür bringst du einen Liter Wasser zum Kochen. Dann nimmst du den Topf vom Herd und gibst zwei Beutel Früchtetee hinein. Lass den Tee zehn Minuten ziehen. Gib den Saft einer Zitrone, einen Teelöffel Honig, eine Messerspitze Zimt und eine Flasche Orangensaft hinzu und koche den Punsch noch einmal kurz auf. Entferne die Teebeutel und serviere den Punsch in Bechern.

🕯 **Gebet**

Ich mag den Winter und den Schnee. Ich mag Plätzchen und Lebkuchen. Ich mag unser schön geschmücktes Haus. Ich mag den Duft von Tannengrün und Kerzen. Ich mag die Lieder, die wir im Advent singen. Lieber Gott, ich danke dir für diese schöne Zeit. Amen.

Der Grund unserer Freude

Warum feiern wir Weihnachten?
Manche sagen: Weil es Winter ist und schneit.
Manche sagen: Weil wir mit der Familie zusammen sind.

 **Mach mit!**

Es ist eine schöne Geste, im Advent anderen Menschen ein Licht zu bringen. Du kannst zum Beispiel mit einem selbst gestalteten Windlicht jemandem eine Freude machen. Dazu brauchst du ein Einmachglas, feinen Sand (z. B. Vogelsand), ein Teelicht oder eine Stumpenkerze, Tonpapier, evtl. Transparentpapier, Kleber und Naturbast.

Fülle das Einmachglas zu einem Drittel mit Sand. Stelle ein Teelicht oder eine Kerze hinein. Schneide aus Tonpapier zwei Sterne aus. Wenn du magst, schneidest du in der Mitte zusätzlich einen kleinen Stern aus. Diesen kleinen Stern hinterklebst du dann mit Transparentpapier. Lege von vorn und hinten einen Stern um das Windlicht und binde die Sterne mit Naturbast fest.

Manche wissen es nicht oder haben es vergessen. Feiern wir den Weihnachtsmann? Feiern wir den Tannenbaum? Einige denken, wir feiern das Jahresende, andere meinen, wir feiern, weil es schon immer so war.

Aber nicht immer schon war es so!
Weihnachten hat einen Anfang, Weihnachten hat einen Grund.

Lies nach!

Die Bibel erzählt von frommen Männern, die auch in dunklen Zeiten die Hoffnung und ihren Glauben an Gott nicht verloren haben. Diese Männer nannte man Propheten. Die Propheten erzählten den Menschen von Gott und von ihrer Hoffnung. Einer von ihnen war Jesaja. Er kündigte den Menschen viele hundert Jahre im Voraus die Geburt von Gottes Sohn an. In der Bibel findest du diese Geschichte bei Jesaja Kapitel 9,1–6.

Einmal wird die Nacht hell

Die Bibel erzählt:
Vor langer Zeit lebte das Volk in großer Sorge vor einem Krieg. Das Land ist in Unordnung geraten. Und niemand ist da, der helfen kann.
Die Leute haben das Gefühl, sie leben im Dunkeln, obwohl die Sonne scheint …
Da tritt ein Prophet auf, einer, der im Auftrag Gottes spricht. Er sagt: „Jetzt lebt das Volk in der Nacht. Aber ihm strahlt ein Licht auf: Ein Kind wird einst geboren, ein Sohn! Er wird der Retter sein! Er wird ein König sein! Er wird allen Menschen den Frieden bringen."

Auch wir kennen dieses Gefühl von Dunkelheit. Wenn wir traurig oder einsam sind, wenn wir streiten oder krank im Bett liegen, dann ist uns, als wäre dauernd Nacht. Dann warten wir auf Licht, das die Nacht vertreibt.

 **Lies nach!**

Die Geschichte von Maria, der ein Engel erscheint und die Geburt ihres Sohnes verkündet, findest du im Lukasevangelium, Kapitel 1,26–38.

Am Anfang steht ein Ja!

Die Bibel erzählt:
Viele hundert Jahre später schickt Gott seinen Engel zu einer jungen Frau in der Stadt Nazaret. Diese Frau heißt Maria.
Der Engel sagt zu ihr: „Du wirst ein Kind bekommen, einen Sohn. Gib ihm den Namen Jesus. Man wird ihn Sohn Gottes nennen!"
Maria weiß nicht, was das bedeuten soll. Sie ist zwar verlobt mit Josef, aber noch nicht verheiratet. Obwohl sie nicht versteht, was Gott von ihr will, antwortet sie mit Ja.

Wie groß muss Marias Glauben sein! Sie weiß nicht, worauf sie sich einlässt. Aber sie ist überzeugt: Was Gott will, das ist gut.

 Wusstest du …

Das Wort „Engel" kommt vom lateinischen Begriff „angelus". „Angelus" heißt übersetzt „Bote". Engel sind die Boten Gottes. Sie überbringen den Menschen Botschaften von Gott. Der Engel, der Maria die frohe Botschaft von der Geburt Jesu überbringt, heißt Gabriel. Überträgt man den Namen Gabriel ins Deutsche, bedeutet er „Gott ist meine Kraft". Manchmal wird Gabriel auch „Verkündigungsengel" genannt.

Gott ist ganz leise

K 1. Gott ist ganz lei - se, willst du ihn hö - ren,
wer - de ganz still, wie Ma - ri - a es war.
Kv Viel - leicht hörst du dann die Bot - schaft des En - gels:
A Du bist voll Gna - de, der Herr ist mit dir.

Gott ist das Licht. Soll es dir leuchten,
schaue in dich, wie Maria es tat.
Vielleicht siehst du dann die Botschaft des Engels:
Du bist voll Gnade …

Gott ist die Liebe. Willst du sie spüren,
öffne dein Herz, wie Maria es tat.
Vielleicht spürst du dann die Botschaft des Engels:
Du bist voll Gnade …

Text und Melodie: Franz Kett

Lies nach!

Die Geschichte von der Herbergssuche in Betlehem und der Geburt Jesu im Stall findest du im Lukasevangelium, Kapitel 2,1–7.

Gebet

Lieber Jesus,
an Weihnachten feiern wir deinen Geburtstag. Du bist der Mittelpunkt unserer Feier. Wir loben dich und singen dir schöne Lieder. Danke, dass du zu uns Menschen auf die Welt gekommen bist!
Amen.

Kein Platz für dieses Kind

Die Bibel erzählt:
Der Kaiser in Rom hat angeordnet, dass alle Einwohner seines Reiches gezählt werden sollen. Jeder muss dafür in seine Heimatstadt gehen. Maria ist schwanger. Aber auch sie muss sich mit Josef auf den Weg machen, nach Betlehem. Als sie dort ankommen, bekommt Maria das Kind – Jesus. Weil in der Herberge kein Platz ist, legt sie das Baby in eine Futterkrippe.

Wie schlimm muss das gewesen sein, wie anstrengend – Maria mit dem Baby im Bauch, zu Fuß oder auf einem Esel unterwegs.
Als sie endlich in Betlehem ankommen, sind in der Stadt alle Herbergen belegt. Sie werden abgewiesen, niemand will sie haben, nirgendwo ist Platz. Dann finden sie einen Stall. Er ist kalt und ungemütlich. Den Tieren jedoch macht es nichts aus, dass sich Menschen zu ihnen legen.
Jesus kommt zur Welt, und niemand ist dabei außer seinen Eltern und Ochs und Esel.

Keine Angst vor diesem Kind

Die Bibel erzählt: Zur gleichen Zeit sind draußen auf dem Feld Hirten bei ihren Herden. Die Hirten sind arme Leute. Sie passen auf ihre Schafe auf. Zu ihnen kommt ein Engel Gottes, und die Hirten haben Angst vor ihm, weil der Engel so hell leuchtet. Der Engel aber beruhigt sie: „Fürchtet euch nicht – freut euch lieber. Denn heute wurde euer Retter geboren. Geht und seht selbst, er liegt in einer Futterkrippe. Gelobt sei Gott im Himmel und auf Erden sei Frieden!"

Da machen sich die Hirten auf den Weg und finden das Kind.

Wie sehr die Hirten erschrecken müssen! Sie können wohl kaum glauben, was ihnen gesagt worden ist. Aber sie gehen los. Und bestimmt bringen sie dem Baby und seinen Eltern etwas mit, obwohl sie selbst nicht viel haben: eine Decke vielleicht oder ein Fell, einen Krug Milch, ein Brot und ein Stück Käse … Sie teilen, was sie besitzen.

Lies nach!

Die Geschichte von den Hirten auf dem Feld, denen ein Engel die Geburt Jesu verkündet, findest du im Lukasevangelium, Kapitel 2,8–20.

Lies nach!

Die Geschichte von den Sterndeutern, die einen langen Weg auf sich nehmen, um Jesus im Stall von Betlehem zu besuchen, findest du im Matthäusevangelium, Kapitel 2,1–16.

Wusstest du …

Im Jahr 1643 segelten holländische Seefahrer durch den Indischen Ozean. Am Weihnachtstag entdeckten sie nordöstlich von Australien eine Insel, die auf keiner Karte verzeichnet war, und nannten sie „Christmas Island – Weihnachtsinsel". Aber sie gingen nicht einmal an Land. Weil die Insel weit vom Festland entfernt lag, blieb sie noch lange unbeachtet.

Dieses Kind lohnt eine lange Reise

Die Bibel erzählt:
Als Jesus geboren wird, reisen Sterndeuter nach Jerusalem. Sie kommen von weit her, aus dem Osten, wo die Sonne aufgeht. Sie sind einem Stern gefolgt, der ihnen am Himmel den Weg gewiesen hat. Der Stern wird sie zu einem König führen, davon sind sie überzeugt. Aber König Herodes in Jerusalem ist nicht der, den sie suchen.

Sie folgen dem Stern. Dort, wo Jesus, Maria und Josef sind, bleibt er stehen. Die Sterndeuter knien sich hin und verehren das Kind. Sie bringen ihm Geschenke mit: Gold, Weihrauch und Myrrhe. Herodes jedoch fürchtet sich vor dem Kind, das ein König sein soll. Er lässt von seinen Soldaten alle kleinen Jungen im Land umbringen. Maria und Josef können mit Jesus rechtzeitig fliehen.

Das sind bestimmt drei weise Könige, weil es drei wertvolle Geschenke sind, die sie Jesus bringen. Aus aller Welt kommen Menschen in den Stall von Betlehem. Dort liegt nur ein Baby in der Krippe, aber es ist der König für alle Menschen auf der Erde.

Die Sternsinger kommen

Sternträger:
Wir bringen euch in dieser Stunde
eine frohe, gute Kunde!
Sie klingt nicht neu in euren Ohren:
„Gott ist als ein Mensch geboren!"
Schon tausendmal ward sie vernommen,
doch – ist die Botschaft angekommen?

 Mach mit!

13

In Erinnerung an die Sterndeuter ziehen jedes Jahr zwischen Weihnachten und dem Dreikönigstag am 6. Januar die Sternsinger durch die Straßen. Meistens sind es Kinder, die sich als die Heiligen Drei Könige verkleidet haben. Sie bringen den Menschen Gottes Segen in ihre Häuser und Wohnungen. Die Sternsinger singen Lieder, sagen Gedichte – wie das auf dieser Seite – auf und schreiben mit geweihter Kreide drei Buchstaben an die Tür: C + M + B.
Die Buchstaben sind eine Abkürzung für den lateinischen Segensspruch: „Christus mansionem benedicat." Auf Deutsch heißt das: „Christus segne dieses Haus."
Dabei sammeln die Sternsinger Geld für Kinder in anderen Teilen der Welt, denen es nicht so gut geht wie uns. Vielleicht hast du Lust, auch Sternsinger zu werden? Frag in deiner Kirchengemeinde nach, ob du als Sternsinger mit durch die Straßen ziehen darfst.

Caspar:
Gott sagt uns: „Ihr seid nicht allein,
ich will bei den Menschen sein.
Ich will euer Leben teilen,
möchte eure Wunden heilen
und mit euch eure Wege gehen,
schützend euch zur Seite stehn!"

Melchior:
Drum machet eure Herzen weit!
Gott bleibt nicht in der Ewigkeit,
er ruht nicht aus auf fernen Thronen:
In diesem Hause will er wohnen!
Sperrt ihm auf, kommt ihm entgegen.
Wir bringen heute seinen Segen.

Balthasar:
Der Segen will ein Zeichen sein:
Er lädt zu Gottvertrauen ein.
Er mahnt, nicht nur an uns zu denken,
den Blick auf jene hinzulenken,
die arm sind, hungrig, heimatlos
wie's Christkind auf Marias Schoß.

Sternträger:
So wünschen wir ein gesegnetes Jahr:

Caspar: Caspar,
Melchior: Melchior
Balthasar: und Balthasar.

Gebet

Lieber Gott,
tausende Kinder sind
jedes Jahr als Stern-
singer unterwegs, um
den Menschen deinen
Segen in die Häuser zu
bringen. Sie setzen sich
für andere Kinder in
der Welt ein, die arm,
hungrig oder ohne
Schulbildung sind.
Segne und beschütze
auch die Sternsinger auf
ihren Wegen durch die
Straßen und schenke
ihnen Freude an ihrem
Tun. Amen.

 Wusstest du …

Seit rund 400 Jahren stellt man zu Weihnachten geschmückte Tannenbäume auf. Vielleicht ist der Brauch noch viel älter. Schon als die Menschen noch keine Christen waren, feierten sie mitten im Winter ein Fest. Sie freuten sich, dass es nun wieder wärmer und heller wurde. Zu diesem Fest holte man damals eine immergrüne Tanne ins Haus.
Grün ist zudem die Farbe der Hoffnung. Grüne Tannenzweige sind ein Zeichen dafür, dass wir immer auf Gott hoffen und vertrauen dürfen.

Seit 2000 Jahren ein Fest

Weihnachten feiert man fast überall auf der Welt, jedes Land auf seine Weise. Wir stellen Christbäume auf, geschmückte Tannen mit Kerzen oder Lämpchen als Zeichen des Lichts, das Jesus bringt.
Wir bauen Krippen auf, Nachbildungen des Stalles, in dem Jesus geboren wurde. Damit können wir uns besser vorstellen, was damals geschah.

Weihnachten ist das größte Fest in Europa: Wir schenken und schlemmen, wir sitzen gemütlich beisammen und lassen es uns gut gehen. Das macht Freude!
Aber Weihnachten ist mehr: Der große Gott ist ein kleiner Mensch geworden, einer von uns, einer wie wir. Das schenkt eine Freude, die nie mehr aufhört.

Gebet

Schenke mir dein Licht,
wenn ich im Dunkeln
Angst habe.
Schenke mir dein Licht,
wenn ich Trost brauche.
Schenke mir dein Licht,
wenn ich mich einsam
fühle.
Schenke mir dein Licht,
wenn ich krank bin.
Lieber Gott,
mach mein Leben
hell und froh.
Amen.

Weihnachten geschieht immer wieder neu

Was im Stall von Betlehem geschah, ist lange her. Und doch geschieht Weihnachten immer wieder neu. Da sind heute Menschen unterwegs und finden keine Bleibe. Da wird heute ein Kind geboren und niemand nimmt es auf. Da sind aber auch in unseren Tagen Menschen wie die Hirten, die zu anderen hingehen, die teilen, die helfen. Und da sind – wie die drei Könige – kluge Leute, die wissen, dass Gott wichtiger ist als ein Herrscher in seinem Palast:
Gott ist ein Ziel, für das jede Mühe lohnt.

Weihnachten will uns sagen:
„Mensch! Du bist von Gott angenommen."
Wir sind nicht allein, einer ist immer für uns da.
Gott, der weiß, wie Menschen fühlen, liebt uns wie eine Mutter, wie ein Vater.
Diese Botschaft ist wie ein Licht in der Dunkelheit – alle Menschen möchten sie hören: junge und alte, große und kleine, arme und reiche …
Dieses Licht wird nicht weniger, wenn wir es verschenken, sondern mehr!

Mach mit!

Aus einem sauberen alten Marmeladenglas mit Schraubverschluss lässt sich eine Schneekugel basteln. Sicher hast du noch kleine Plastikfiguren oder -tiere, mit denen du nicht mehr spielst. Die klebst du mit Bastelkleber innen in den Deckel. Als Schnee klebst du etwas Watte um die Figuren herum. Außerdem kannst du losen Glitzer darüberstreuen. Dann stülpst du das Glas über die winterliche Szene und verschraubst es mit dem Deckel.

Dass doch Frieden werde

Weihnachten ist viel los,
die Wünsche sind riesengroß!
Die Reichen essen –
die Armen sind vergessen?
Das Erdenrund, so weit,
ist beherrscht vom Streit
auch in dieser heiligen Zeit:
dass doch Frieden werde
auf dieser Erde!

Weihnachten ist viel los,
Gott im Himmel so groß,
macht sich ganz klein,
um ein Mensch zu sein.
Kommt ohne Knall
ganz schlicht im Stall
und überall auf unsere Erde:
dass doch Frieden werde!

Gebet

Lieber Gott, ich bin froh und dankbar, dass wir bei uns in Frieden Weihnachten feiern dürfen. Ich bitte dich für alle Kinder in der Welt: Lass auch sie den Frieden der Weihnacht spüren. Amen.

Heiligste Nacht

1. Hei - ligs - te Nacht! Fins - ter - nis wei - chet, es
   Hei - ligs - te Nacht! En - gel er - schei - nen, ver -

strah - let hie - nie - den lieb - lich und
kün - den den Frie - den, Frie - den den

präch - tig vom Him - mel ein Licht;
Men - schen; wer freu - et sich nicht?

Kom - met,__ ihr Chris - ten,__ o__ kom - met__ ge -

schwind! Seht da__ die__ Hir - ten,__ wie

ei - lig__ sie__ sind! Eilt__ mit__ nach__
den__ Gott__ ver -

Da - vids__ Stadt; liegt dort__ als__ Kind.
hei - ßen__ hat,

Text: Karl Riedel 1870 nach einem böhmischen Weihnachtslied, Musik: Olmütz 1847

Hinweise für Eltern, Erzieher und Katecheten

Weihnachten ist das kirchliche Fest, das für Kinder mit Abstand die größte Bedeutung hat. Kinder lieben die Adventszeit mit ihren Liedern, Geschichten und Düften und erwarten voller Spannung den Heiligen Abend. Eifrig öffnen sie an jedem Tag im Dezember ein Türchen oder Päckchen des Adventskalenders und schreiben lange Wunschzettel.

Dieses Buch greift die kindliche Vorfreude auf Weihnachten auf, möchte aber zugleich den Blick erweitern: Wenn wir Weihnachten feiern, geht es eben nicht in erster Linie um Geschenke, Plätzchen und Weihnachtsdekoration im Haus, sondern um die frohe Botschaft von Jesu Geburt. In kindgerechten Worten wird deshalb die Weihnachtsgeschichte nacherzählt. Im Mittelpunkt steht dabei, dass Gott in Jesus Mensch geworden ist und damit den Menschen Freude und Hoffnung gebracht hat. Diese Botschaft ist wie ein Licht in der Dunkelheit – auch und gerade für Menschen, die nicht in Frieden und Wohlstand leben.

Das Buch lädt Kinder behutsam dazu ein, auch an die Menschen zu denken, denen es nicht so gut geht – zum Beispiel in einem Gebet oder mit einer kleinen Aufmerksamkeit. Es lädt dazu ein, im adventlichen Trubel bewusst Momente der Ruhe zu suchen, die Kerzen am Adventskranz anzuzünden, nachdenklich zu werden und die Vorfreude auf das Fest der Geburt Jesu zu genießen.

Sich mit Kindern dem Thema nähern

Auf den vorhergehenden Seiten des Buches finden Sie viele Ideen zum Mitmachen. Wenn Sie das Thema mit der ganzen Familie oder mit einer Kindergruppe vertiefen möchten, bieten sich darüber hinaus diese Impulse an:

■ Die Weihnachtsgeschichte wird für Kinder besonders schön erfahrbar, wenn sie sie in einem Krippenspiel selbst nachspielen. Zahlreiche Bücher geben Anregungen zu solchen Rollenspielen. Alternativ kann ein Erwachsener die Weihnachtsgeschichte aus diesem Buch (Seite 12–18) vorlesen, während die Kinder das Gehörte pantomimisch nachspielen.

■ Gestalten Sie mit den Kindern einen Tisch, auf dem in der Adventszeit immer wieder Gegenstände abgelegt werden: ein Barbarazweig am Barbaratag (4. Dezember), eine Nikolausfigur am 6. Dezember, eine Kerze am Luziatag (13. Dezember), kleine Zettel mit Wünschen der Kinder, die man nicht mit Geld erfüllen kann (vgl. Seite 4/5), eine Bibel, selbst gemalte Bilder, Gebasteltes usw. Dieser Tisch verändert sich also im Lauf der Adventszeit und bleibt so für die Kinder interessant.

■ Sprechen Sie mit den Kindern darüber, dass es vielleicht ganz in ihrer Nähe Menschen gibt, die keine Geschenke zu Weihnachten erwarten dürfen, weil sie arm oder einsam sind. Überlegen Sie gemeinsam, ob und wie die Kinder einem solchen Menschen eine kleine Freude machen könnten.

Quellennachweis

Lieder: S. 7: aus: Ich schenk dir einen Sonnenstrahl, 1985, alle Rechte im Peter Janssens Musik Verlag, Telgte-Westfalen; S. 15: aus: Religionspädagogische Praxis 1982/4, S. 24, © Religionspädagogische Arbeitshilfen GmbH, Landshut, www.rpa-verlag.de

Fotos: © Stefan Körber – Fotolia.com; S. 4: © tournee – Fotolia.com; S. 7: © Jeanette Dietl – Fotolia.com; S. 8: © Nicole Weidner; S. 9: © babimu – Fotolia.com; S. 10: © kristina rütten – Fotolia.com; S. 11: © Frank Küster, Düsseldorf; S. 14: © Renáta Sedmáková – Fotolia.com; S. 16: © Alexander Hoffmann – Fotolia.com; S. 28: Peter Wirtz

Bibliografische Information der Deutschen Nationalbibliothek
Die Deutsche Nationalbibliothek verzeichnet diese Publikation in der Deutschen Nationalbibliografie; detaillierte bibliografische Daten sind im Internet über http://dnb.d-nb.de abrufbar.

Das Gesamtprogramm von Butzon & Bercker finden Sie im Internet unter www.bube.de

ISBN 978-3-7666-3037-7

Den Kindern erzählt/erklärt 37

3. Auflage 2022

© 2015 Butzon & Bercker GmbH, Hoogeweg 100, 47623 Kevelaer, Deutschland, www.bube.de

Umschlagillustration: Yvonne Hoppe-Engbring
Umschlaggestaltung und Satz: Kai & Amrei Serfling GbR, Leipzig